AF465088

RÉCLAMATION

DES HÉRITIERS

De Jacques-Charles-Léopold-Godefroy

DE LA TOUR - D'AUVERGNE,

Dernier Prince de Bouillon,

AU PREMIER CONSUL.

LES HÉRITIERS

BÉNÉFICIAIRES

DE JACQUES-CHARLES-LÉOPOLD-GODEFROY DE LA TOUR-D'AUVERGNE, *dernier Prince de Bouillon*,

AU PREMIER CONSUL.

CITOYEN PREMIER CONSUL,

Des bruits particuliers avaient appris, aux héritiers de M. *de Bouillon*, que le Gouvernement s'occupait des propriétés de sa succession.

Il ne leur est plus permis d'en douter ; depuis que l'Administration des Domaines a formé, entre les mains de l'Adjudicataire des forêts qui en dépendent, *opposition à ce qu'il fît, en exécution de son traité, aucun versement de deniers entre les mains de quiconque se présenterait, comme héritier de M. de Bouillon*, JUSQU'A NOUVELLE DÉTERMINATION DES CONSULS.

Il ne faut pas moins que l'autorité d'une telle Administration, pour qu'ils puissent admettre la supposition que de si grands intérêts s'agitent contr'eux, *sans qu'ils soient prévenus, sans qu'ils soient appelés, sans qu'ils soient entendus.*

L'expérience des nombreuses tentatives par lesquelles, *dans les tems révolutionnaires*, on a, si souvent, essayé d'exproprier M. de Bouillon, ne pouvait, même, leur laisser craindre qu'elles se renouvelassent, sous votre gouvernement, et sous l'empire des lois.

Ainsi, l'Administration des Domaines déclare que c'est le Gouvernement lui-même qui *doit prendre une décision ;* et, que cette décision *sera telle* que, *sans titres*, *sans droits*, *sans qualité*, cette Administration est fondée à arrêter, dès-à-présent, et de son autorité, les effets de la *saisine* que les héritiers de M. de Bouillon tiennent *de la loi*.

Deux questions sortent, naturellement, de cet état de choses :

1°. *Quels peuvent être les droits du Gouvernement sur les biens de M. de Bouillon?*

2°. *Qui doit en être juge?*

Les biens de la maison de Bouillon consistent, *presqu'entièrement*, dans ceux qu'elle a reçus, en 1651, en contr'échange des principautés *de Sédan* et *Raucourt*.

Les circonstances de cet échange peuvent-elles, d'abord, être le fondement des réclamations du Gouvernement?

La France, en 1642, était agitée, au-dedans, par des discordes civiles, et, obligée, au-dehors, de se défendre, contre la maison *d'Autriche*, *l'Espagne* et *l'Electeur de Bavière.*

Louis XIII avait pensé qu'il lui était très-avantageux de s'assurer de la place de *Sédan*, qui, par sa force, et par sa position sur la *Meuse*, pouvait, également, servir de barrière à la France, du côté de la *Champagne*; lui ouvrir le pays ennemi; ou donner entrée à l'ennemi au cœur du Royaume.

Des négociations avaient été entamées avec *Frédéric-Maurice, Duc régnant de Bouillon, Prince souverain de Sédan et de Raucourt*, quatrième aïeul de M. de Bouillon.

Mais *il avait résisté aux instances de Louis XIII.*

Les négociations furent reprises sous Louis XIV, à une époque où *prisonnier de guerre*, le Duc de Bouillon devait subir la loi qui lui serait faite par le plus fort.

Mademoiselle de Bouillon, sa sœur, chargée de ses pouvoirs, en consentant, le 28 mars 1647, de céder au Roi, *suivant le vœu de Sa Majesté, et celui de Louis XIII*, les principautés souveraines de Sédan et de Raucourt, proposa « que l'évaluation en serait » faite sur le pied du denier cent, attendu » que c'étaient des terres de dignité souve- » raine, au lieu desquelles il ne serait donné » en contr'échange que des terres féodales, » pour lesquelles le duc de Bouillon serait » obligé de faire hommage à sa Majesté;

» Que les duchés *d'Albret et de Châ- » teau-Thierry* seraient, comme il avait » déjà été promis, délaissés, ainsi que le » *Comté d'Auvergne*, et le reste en autres » terres de moindre dignité que le duché;

» Que les *fortifications de Sédan*, pour » lesquelles *Henry de la Tour d'Auvergne*, » père de *Frédéric Maurice*, avait em- » ployé le plus clair de son revenu pendant » plusieurs années, et dont il restait dû plus » *de deux millions*, seraient aussi estimées, » pour être payées en argent comptant, » ou en domaines, etc. ».

Il fut dit en réponse: « que le Roi pren-

» drait de **M.** *le Duc de Bouillon*, les terres
» souveraines de Sédan et Raucourt; ensem-
» ble la partie dont il jouissait dans son duché
» sur la recette de Sédan, *au denier* 60; et
» que sa Majesté donnerait en contre-échan-
» ge les terres qui lui avaient été promises:
» savoir, les duchés de Château-Thierry et
» d'Albret, au denier quarante, et le comté
» d'Auvergne, et autres terres, au denier
» vingt-cinq, ainsi qu'il avait été convenu;

» Que les fortifications de Sédan ne se-
» raient point estimées séparément, *faisant*
» *partie du prix de la terre*;

» Et que le Roi donnerait ordre à ses
» Plénipotentiaires, à Munster, de faire
» toutes les instances nécessaires, pour que
» le Duc de Bouillon fût rétabli dans la pos-
» session du Duché de Bouillon ».

Il est essentiel d'observer que les proposi-
tions du Duc de Bouillon sont *par articles distincts et séparés; que les réponses sont en marge de chaque proposition, et qu'elles sont signées tant du Roi en personne, assisté de la Reine Régente, et de son Conseil; que de M. de Loménie, secrétaire*

d'Etat, ainsi que cela se pratique dans les traités *de Souverain à Souverain.*

Tout ce qui suivit le traité de 1647 n'en fut plus que *l'exécution ; tout s'y réfère, et c'est à ce traité qu'il faut, toujours, se reporter.*

Les évaluations de *Sédan* furent faites : et des Commissaires furent nommés *par le Roi* pour signer, avec le Duc de Bouillon, le contrat du 20 *mars* 1651, qui devait être la *suite* du traité de 1647.

Frédéric-Maurice y prend le titre *de Duc de Bouillon, Prince souverain de Sédan et Raucourt.*

Le préambule porte que *le Roi*, pour le bien de son Etat, et *pour mettre à couvert la frontière de Champagne, suivant la résolution du défunt Roi Louis XIII, a jugé qu'il devait s'assurer de la place de Sédan, et traiter avec le Duc de Bouillon de la souveraineté de cette place, de celle de Raucourt, et de toutes autres qu'il possède aux environs d'icelles.*

Il y est dit qu'il *doit être donné, au Duc de Bouillon, des terres en échange,* CONFORMÉMENT AU TRAITÉ DU 20 MARS 1647, *et qu'il importe, pour le bien de l'Etat, d'avancer la conclusion de cette affaire.*

Le Duc de Bouillon *cède et délaisse, à perpétuité, à titre d'échange, à Sa Majesté et à ses successeurs, Rois de France, tous ses droits dans les souverainetés, terres et seigneuries de Sédan et Raucourt, pour être, avec leurs annexes, unies au domaine de la couronne, censées et réputées du corps du domaine de Sa Majesté.*

Le Roi transporte et abandonne, *en contr'échange, au Duc de Bouillon, à titre de pur, absolu et perpétuel échange, et en pleine propriété, les Duchés-Pairies d'Albret et de Château-Thierry, le Comté d'Auvergne, le Comté d'Evreux,* etc.

« *Pour desdites terres et choses délaissées en contr'échange, jouir, par le Duc de Bouillon, ses hoirs, succes-*

» *seurs et ayant cause, mâles et femel-*
» *les, à perpétuité, comme de leur vrai*
» *patrimoine, et choses à eux apparte-*
» *nantes, en pleine propriété, incom-*
» *mutablement et irrévocablement, sans*
» *qu'elles soient sujettes à aucun rachat*
» *ou remboursement, revente ou réunion*
» *au domaine, pour quelque cause ou oc-*
» *casion que ce soit, ni que les offices,*
» *greffes, droits et dépendances puissent*
» *être chargés d'aucunes taxes, attendu*
» *que lesdites terres sont données, à titre*
» *d'échange, pour des terres et souverai-*
» *netés servant à l'accroissement du do-*
» *maine de la Couronne.* »

On lit, à la fin du contrat, ces expressions remarquables: *Lesdits seigneurs Commissaires, pour et au nom de Sa Majesté,* EN FOI ET PAROLE DE ROI, TANT POUR LUI, QUE POUR SES SUCCESSEURS ROIS; *et ledit seigneur duc de Bouillon*, EN FOI ET PAROLE DE PRINCE, *s'obligent d'entretenir les traités, clauses et conditions susdites, sans jamais y contrevenir.*

Tout ce qui existe dans ce traité, se trouve

littéralement dans les lettres-patentes constitutives du mandat des commissaires. Le Roi, d'ailleurs, par d'autres lettres-patentes, du mois d'avril, *le ratifia* et *confirma* solennellement en son Conseil.

Le traité de 1647 n'était, évidemment, pas un échange ordinaire : c'était un traité de *Souverain à Souverain*, *un contrat du droit des Gens.*

Il avait excité la sollicitude de Louis XIII; celle de Louis XIV; et l'intérêt de l'Etat l'avait déterminé.

Le contrat de 1651, qui en fut l'exécution, fut enregistré, *tant aux Parlements, qu'aux Chambres des comptes de la situation des biens.*

Toutes ces Cours *s'étaient accordées* à dire que *l'échange serait exécuté*, *que les souverainetés de Sédan et de Raucourt seraient et demeureraient unies à la Couronne, et que Frédéric-Maurice de la Tour-d'Auvergne jouirait des choses à lui données en contr'échange.*

Mais, plusieurs avaient apporté des modifications qui avaient pour objet, d'assujettir l'échangiste à pourvoir à des remboursemens d'offices de judicature, ou qui portaient sur des droits qui n'existent plus.

Louis XIV ne permit pas que ces modifications subsistassent. *Des lettres de jussion* furent adressées au Parlement de Paris, et aux Cours qui avaient apporté des restrictions à leur enregistrement. Le Roi y déclare que « *son intention a toujours été que le* » *contrat de* 1651 FÛT PROMPTEMENT EXÉ- » CUTÉ, ENTIÈREMENT ET DE BONNE FOI, » COMME ÉTANT UN ÉCHANGE, UN CONTRAT » DU DROIT DES GENS, UN TRAITÉ FAIT AVEC » UN PRINCE SOUVERAIN, UNE ACQUISITION » DE NOUVELLE SOUVERAINETÉ, TRÈS- » AVANTAGEUSE AU BIEN DE L'ETAT, QUI » EST AU-DESSUS DE TOUTES AUTRES CONSI- » DÉRATIONS; QU'IL S'EST OBLIGÉ, EN FOI » ET PAROLE DE ROI, ENVERS LE DUC DE » BOUILLON, DE LE FAIRE JOUIR PLEINE- » MENT ET PAISIBLEMENT, SES HOIRS, SUC- » CESSEURS ET AYANT CAUSES, DES TERRES » DONNÉES EN CONTR'ÉCHANGE ».

L'enregistrement effectué, les évaluations furent consommées, et les procès-verbaux en furent clos et déposés dans les années 1655, 1657, 1659, 1672, 1673 et 1674.

Depuis cet échange, le Gouvernement Français n'a pas cessé de jouir des souverainetés de Sédan et Raucourt : il en a perçu les contributions et tous les autres produits qui en dépendaient.

D'un autre côté, la maison de Bouillon est demeurée propriétaire paisible des biens qu'elle avait reçus, en contr'échange, jusqu'en l'an 2, époque à laquelle ils ont été séquestrés, en vertu de la loi du 10 frimaire qui avait révoqué *les engagemens et les échanges non consommés.*

M. de Bouillon avait réclamé contre l'exécution de cette loi; mais *la Convention Nationale* qui, *par la réunion de tous les pouvoirs*, exerçait aussi *les fonctions administratives*, lui en appliqua les dispositions, et le 8 floréal de l'an 2, *déclara révoqué l'échange de* 1651.

L'exécution de la loi du 10 frimaire de l'an 2 avait été suspendue par celle du 22 frimaire de l'an 3 ; et néanmoins, le séquestre existait toujours sur les biens de M. de Bouillon, qui, d'un autre côté, avait refusé de prendre possession des objets que ses aïeux avaient donnés en contr'échange.

Cet état de choses et d'injustice ne pouvait pas durer : il devait disparaître, avec les circonstances qui l'avaient fait naître.

Une loi du 7 nivôse de l'an 5, ordonna, effectivement, « *que les échangistes dépossédés, depuis la loi du* 10 *frimaire an* 2, *sans avoir été rétablis dans la jouissance des objets cédés en échange, par eux ou par leurs auteurs, seraient réintégrés, sur-le-champ, par les administrations centrales, dans les biens dont ils avaient été dépouillés* ».

En exécution de cette loi, *le séquestre fut levé* sur les biens de M. de Bouillon.

Cependant, et au moyen de la suspension

de la loi du 10 frimaire de l'an 2, il devenait instant de régler la législation sur les domaines *concédés par l'ancien Gouvernement.*

C'est ce qui fut fait, par la loi du 14 ventôse de l'an 7.

Par cette loi, *les engagistes et les échangistes*, DONT LES ÉCHANGES ÉTAIENT DÉJA RÉVOQUÉS OU SUSCEPTIBLES DE RÉVOCATION, *furent maintenus dans leur jouissance, ou durent y être réintégrés, s'ils en avaient été dépossédés, en effectuant leur soumission de payer le quart des biens engagés ou échangés.*

A la vérité, l'article 15 de cette loi porte: que *cette disposition ne s'applique point aux concessions de forêts au-dessus de* 150 *hectares, sur lesquelles il sera définitivement statué, par une résolution particulière.*

Les choses sont donc demeurées, à leur égard, dans l'état dans lequel elles étaient, *par la loi du 7 nivôse de l'an 5.*

Dans

Dans cet état, M. De Bouillon ne pouvait être dépouillé de leur jouissance.

Frappé, *par le Directoire*, sur la fin de l'an 6, d'un nouveau séquestre, il était fondé à en réclamer la main-levée.

Elle eut lieu, et ce fut de vous, CITOYEN PREMIER CONSUL, qu'il obtint cette première justice.

Par votre arrêté du premier germinal de l'an 8, *vous rapportâtes ceux du Directoire; vous ordonnâtes que le séquestre apposé sur les biens cédés par l'ancien Gouvernement, à Frédéric-Maurice de la Tour-d'Auvergne, en contr'échange des principautés de Sedan et Raucourt, serait levé; que M. de Bouillon serait réintégré dans les propriété et jouissance de ses biens, à la charge de payer le quart de leur valeur, et à l'exception des forêts au-dessus de 150 hectares, dont le produit appartiendrait, également, à M. de Bouillon; mais sur lesquelles il serait statué définitivement, aux termes de la loi du 14 ventôse an 7.*

M. de Bouillon fut donc rétabli dans la jouissance de ses biens.

Il avait fait, dans les lieux de leur situation, la soumission de payer le quart de leur valeur, conformément à la loi du 14 ventôse.

Mais il n'avait fait cette soumission que *conditionnellement*, et pour éviter d'encourir la déchéance prononcée par la loi.

Car il prétendit que l'échange de 1651 *était un contrat du droit des Gens; que c'était un traité de Souverain à Souverain; que les lois civiles ne lui étaient pas applicables*, *et qu'il devait être placé dans les exceptions de la loi du* 14 *ventôse*.

Conformément à l'article 27 de cette loi, il dut d'abord s'adresser, *par voie de mémoire, aux Corps Administratifs.*

Sa réclamation fut, en conséquence, portée *au Conseil d'Etat*, et cependant le Ministre des Finances ordonna que *jusqu'à ce qu'il eût été décidé sur cette réclamation, il serait sursis au paiement du quart des biens soumissionnés conditionnellement.*

M. de Bouillon ne pouvait, même, plus tarder d'obtenir une *entière* justice.

Déjà, CITOYEN PREMIER CONSUL, vous lui aviez envoyé le Général DUROC, pour lui en donner l'assurance (1).

---

(1) *Copie de la lettre écrite par M. de Bouillon au Premier Consul, le 3 Vendémiaire an* 9.

» En recevant le Général Duroc que m'a envoyé le » Premier Consul, j'ai senti tout ce qu'une pareille dé- » marche avait de délicat et de flatteur ; j'en conserve » une véritable reconnaissance, et je prie le Premier » Consul d'en agréer l'expression.

» Le Général *Duroc ne m'a point laissé ignorer* » *les dispositions favorables dans lesquelles était* » *le Premier Consul à mon égard :* j'en profite avec » empressement. L'intérêt des nombreux créanciers » que m'ont laissés mes pères, ajoute à celui que j'ai » de recouvrer la libre disposition des terres qui repré- » sentent, pour moi, les souverainetés qu'ils ont cédées » à la France, sur la foi des traités qui ont été passés » avec Louis XIV.

Renvoyé au C. Regnier, Conseiller d'Etat, pour faire un rapport. Paris le 3 vendémiaire an 9. *Signé* BONAPARTE.

» J'ai prié le Général *Duroc* de présenter mon mé- » moire au Premier Consul, persuadé que je suis qu'il

Déjà vous aviez demandé un rapport *au citoyen* REGNIER.

Déjà ce rapport, dont la conclusion est, que *l'échange de Sédan est un traité du*

» ne peut lui être remis par personne plus digne de » sa confiance ».

Signé LATOUR D'AUVERGNE DE BOUILLON.

Copie de la lettre du Général Duroc, en renvoyant, au Citoyen de Beaumont, l'apostille du Premier Consul.

Paris, 3 vendémiaire an 9.

« J'ai pensé, Citoyen, que vous préféreriez remet- » tre, vous-même, au citoyen *Regnier*, la demande » que le citoyen Latour d'Auvergne de Bouillon a » adressée au premier Consul, et qu'il vient d'apos- » tiller.

» *L'intention bien prononcée du Premier Consul* » *est de faire rendre justice au Citoyen Latour* » *d'Auvergne de Bouillon.* Les bonnes dispositions » du citoyen Regnier vous assurent *que cette affaire* » *ne traînera plus en longueur.*

» J'en apprendrai la réussite avec autant de satisfac- » tion que j'en ai éprouvée d'être l'organe du Premier » Consul près de la famille de Turenne ».

Signé DUROC.

droit des gens, était *imprimé* et présenté *au Conseil d'Etat*, conformément à vos vues.

Déjà vous veniez de donner votre *assentiment* et *votre signature*, au traité solennel, par lequel M. de Bouillon venait d'assurer le paiement des créanciers de ses pères (1).

Déjà, enfin, vous aviez senti que le monument de triomphe que vous éleviez *à Turenne*, ne pouvait avoir *pour base*, *l'expropriation de sa famille*.

C'est dans ces circonstances que M. de Bouillon est mort, et que ses héritiers sont instruits que le Gouvernement se propose, de nouveau, de s'emparer des biens de sa succession.

Mais sa mort n'a pas *détruit ses droits*, *n'a pas changé la nature des choses*, et *l'état de la législation*.

---

1) Il est du 15 nivôse de l'an 9.

Si la loi, sur les forêts, annoncée par celle du 14 ventôse, était rendue, et si elle ne confirmait pas, d'une manière incommutable, la propriété des biens cédés par l'ancien Gouvernement *à Frédéric-Maurice*, les héritiers de son petit-fils, *successeurs à tous ses droits*, prétendraient, comme lui, que l'échange de 1651 est un traité *du droit des gens*, et qu'il ne doit pas être gouverné par *les règles du droit civil.*

Ce traité existe, par lui-même : il est parfait, par la seule volonté des parties dont il est l'ouvrage : il est placé sous la garantie de la parole *de Roi* et *de Prince* des deux *souverains* qui l'ont souscrit ; sous celle *de la loi des Nations.*

On ne peut pas davantage opposer à la maison de Bouillon les lois particulières de la France, qu'on ne pourrait opposer à la France les lois de Bouillon.

« Les conventions, dit Watel, (liv. 2, » nomb. 214) les contrats que le Souverain » fait avec des particuliers étrangers à sa » qualité de *souverain*, et au nom de l'Etat, » suivent les règles pour les traités publics.

» En effet, quand un Souverain contracte » avec des gens qui ne dépendent pas de lui « ni de l'Etat; que ce soit avec un particu- » lier, ou avec une Nation, ou un Souve- » rain, cela ne produit aucune différence « de droit. . . . ».

» Dès qu'une puissance légitime, contracte » au nom de l'Etat, elle oblige la Nation » elle-même, et par conséquent tous les » conducteurs futurs de la société. Alors, » donc, qu'un Prince a le pouvoir de con- » tracter au nom de l'Etat; il oblige tous ses » successeurs, et ceux-ci ne sont pas moins » tenus que lui-même, à remplir ses enga- » gemens ».

Et quel traité a jamais pu avoir davantage le caractère d'*un traité du droit des gens*, que celui par lequel *deux Souverains* ont contracté en leur *qualité de Souverains;* que celui par lequel ils ne se sont pas engagés *par le lien des lois civiles*, *mais sous la foi de leur parole* DE ROI et DE PRINCE ; que celui qui *a mis une forteresse* et une *place importante*, au nombre des domaines de la Nation française; que celui qui est placé par les publicistes au nombre des traités publics (1) ; que celui que Louis XIV lui-même a voulu exécuter, et a fait exécuter, COMME ÉTANT UN ÉCHANGE, UN CONTRAT DU DROIT DES GENS ; UN TRAITÉ FAIT AVEC UN PRINCE SOUVERAIN, UNE ACQUISITION DE NOUVELLE SOUVERAINETÉ, TRÈS-AVANTAGEUSE AU BIEN DE L'ETAT, QUI EST AU-DESSUS DE TOUTE AUTRE CONSIDÉRATION.

Ah ! sans doute, si le droit du *plus fort* pouvait être mis à la place des principes de *la foi publique*, M. de Bouillon, ou ses héritiers, ne pourraient espérer aucun succès de leur réclamation.

Mais le *droit du plus fort* n'en est pas un ; ces deux mots s'excluent ; il n'est que l'exercice de la violence.

Il ne sera pas le vôtre, CITOYEN PREMIER CONSUL ; il ne le sera pas, sur-tout contre la famille *de Turenne*, de cet homme illustre qui, comme vous, rendit à la France de si éminens services, et honora son pays

---

(1) *Mably*, tom. V, pag. 445.

autant par ses principes de modération et de justice, que par ses grands talens militaires.

Et quand il serait même possible que le traité de 1647 pût être considéré comme un contrat du *droit civil*, les lois sur les *échanges non consommés*, ne pourraient encore lui être appliquées.

L'échange qu'il contient fut consommé par l'observation de toutes les formalités qui étaient prescrites par les lois d'alors.

Il a été *enregistré dans toutes les Cours.*

Les évaluations ont été faites, et les procès-verbaux en ont été *clos, déposés et homologués.*

Les lois qui, depuis la révolution, ont dit que « *les échanges ne seraient censés* » *consommés, qu'autant qu'il aurait été* » *procédé aux évaluations ordonnées par* » *l'édit d'octobre* 1711, *et que l'échangiste* » *aurait obtenu et fait enregistrer, dans* » *les Cours, les lettres de ratification né-* » *cessaires pour donner à l'acte son dernier*

» *complément*, » n'ont rien qui soit contraire.

L'édit d'octobre 1711 n'établit d'ailleurs de nouvelles formalités que POUR L'AVENIR: c'est le caractère d'une loi de ne disposer que *pour l'avenir*, et l'édit de 1711 le porte expressément.

Au surplus, et quant à présent, la jouissance de M. de Bouillon et de ses héritiers, n'est pas seulement fondée *sur la nature du contrat de* 1647; sur ce que l'échange de 1651 a été consommé; mais elle est encore établie sur la disposition formelle de la loi du 7 nivôse de l'an 5, qui ordonne que « LES ÉCHANGISTES DÉPOSSÉDÉS, DEPUIS » LA LOI DU 10 FRIMAIRE DE L'AN 2, SANS » AVOIR ÉTÉ RÉTABLIS DANS LA JOUISSANCE » DES OBJETS CÉDÉS EN ÉCHANGE PAR » EUX OU PAR LEURS AUTEURS, SERONT » RÉINTÉGRÉS SUR-LE-CHAMP DANS LES » BIENS DONT ILS ONT ÉTÉ DÉPOUILLÉS. »

Et, enfin, sur l'arrêté des Consuls, du premier germinal de l'an 8, qui ne renvoye pas seulement M. de Bouillon en possession des domaines qui lui appartenaient ; mais qui lui accorde aussi la jouissance de ses forêts, sur lesquelles il doit être statué définitivement par une loi particulière, aux termes de celle du 14 ventôse.

De cette discussion, il faut conclure que le Gouvernement, *dans l'état actuel de la législation*, ne peut rien prétendre, *en ce moment*, sur les biens dépendans *de l'échange de Sédan et Raucourt.*

Et que, PAR LA NATURE DE CET ÉCHANGE, *quelle que puisse être, à l'avenir, la législation*, IL NE POURRA JAMAIS Y AVOIR DE DROITS.

Mais on annonce que si le Gouvernement est *sans droits*, sous ce rapport, il a du moins la prétention de venir à *la succession de M. de Bouillon, pour la portion qui pourrait appartenir à quelques-uns de ses héritiers émigrés.*

Sans examiner la vérité du fait qui lui sert de base, cette prétention ne serait pas, non plus, fondée.

M. de Bouillon est mort, *le* 18 *pluviôse de l'an* 10. Il n'a laissé, pour recueillir sa succession, QUE DES HÉRITIERS COLLATÉRAUX.

Or, par la loi du 8 messidor de l'an 7, *la République a renoncé, pour l'avenir, aux successions collatérales.*

Qu'on ne dise pas que cette loi n'est relative qu'aux successions collatérales échues *aux ascendans d'émigrés qui ont fait leur partage avec la nation.*

Cette erreur serait manifeste.

La loi *du* 28 *mars* 1793, voulait que *les successions échues aux émigrés, en ligne directe et collatérale, depuis leur émigration, et celles qui leur écherraient, par la suite, fussent recueillies par la République, pendant cinquante années.*

La loi du 9 floréal *relative à la levée du sequestre*, mis sur *les biens des pères et mères d'émigrés*, les assujettit *à fournir, dans les deux mois, la déclaration de leurs biens, et à faire le partage avec la République.*

« Et, *à ce moyen*, porte l'article 25, *toute* » *la législation relative aux familles des* » *émigrés*, *est abolie*, et, la nation renonce » à toutes les successions qui pourraient leur » écheoir à l'avenir, tant en ligne directe » que collatérale; n'entendant recueillir que » celles ouvertes jusqu'à ce jour ».

Cette loi fut suspendue par celle du 11 messidor an 3.

Plusieurs résolutions furent, successivement, proposées par le Conseil des Cinq cents pour la remplacer : mais elles furent rejetées, par le Conseil des Anciens, comme injustes et trop rigoureuses.

Enfin, fut rendue la loi du 8 messidor de l'an 7, *relative à la disposition des successions échues aux familles d'Emigrés.*

Cette loi ne devait pas seulement se proposer de régler les successions *échues*, *ou à écheoir*, aux émigrés, *dont les ascendans auraient fait leur partage*; mais, comme celle du 9 floréal, elle devait régler *toute la législation relative aux successions échues ou à écheoir, aux émigrés.*

On pouvait bien dire, aux ascendans auxquels on avait imposé la condition d'un partage, avec la République, que, *faute de l'avoir fait*, leurs successions seraient recueillies, par elle, pour la portion dont l'émigré était leur héritier.

Mais on ne pouvait pas imposer la même peine à ceux qui n'étaient point *ascendans d'émigrés*; à ceux auxquels on n'imposait aucune condition; à ceux dont on n'exigeait aucun abandon.

La loi du 8 messidor an 7, ne laisse rien à désirer; elle dispose pour tous les cas.

Si l'ascendant s'est conformé à la loi du 9 floréal, avant sa suspension; lui et sa famille auront la libre disposition des successions échues et à écheoir, tant en ligne directe, que collatérale, depuis le 9 floréal (1).

(1 Art. 1 et 2.

Si l'Ascendant d'émigré ne s'est pourvu que postérieurement à la loi du 11 messidor, il n'aura la libre disposition que des successions échues depuis le jour de l'arrêté définitif de liquidation, et la République recueillera la partie qui lui revient, par représentation des émigrés, dans toutes les successions échues antérieurement (1).

Il en sera de même *des successions à écheoir* aux ascendans d'émigrés, qui n'ont pas encore obtenu leur arrêté définitif de liquidation.

Enfin l'article 7 régle toutes les autres successions collatérales, *échues* ou *écheoir* à un émigré, comme parent plus proche.

La première partie de cet article a pour objet les SUCCESSIONS ÉCHUES qu'elle adjuge à la République; et la seconde partie, les successions A ÉCHEOIR auxquelles elle RENONCE.

En voici les expressions même :

« *Toutes autres successions collatérales*

(1) Art. 4.

» qu'un émigré *était appelé* immédiatement
» à recueillir comme parent plus proche,
» sont dévolues entièrement à la République,
» si l'émigré est seul héritier; ou pour la por-
» tion revenante à l'émigré, si ce dernier
» n'est héritier qu'en partie, sauf les restric-
» tions portées en l'article premier.

» LA RÉPUBLIQUE RENONCE POUR L'A-
» VENIR, A COMPTER DU JOUR DE LA PU-
» BLICATION DE LA PRÉSENTE, A TOUTES
» AUTRES SUCCESSIONS COLLATÉRALES A
» ÉCHEOIR ».

Rien de plus positif que les dispositions de ce dernier article de la loi.

S'il pouvait exister des doutes, à cet égard, ils seraient facilement éclaircis par les rapports même sur lesquels la loi du 8 messidor a été *résolue* au Conseil des Cinq Cents, et *adoptée* à celui des *Anciens*.

« Votre Commission, *disait le Rappor-*
» *teur au Conseil des Cinq Cents*, croit
» qu'à l'égard des familles d'émigrés, qui
» *n'avaient à faire aucun abandon à la*
» *République*, la loi du 28 mars, n'a pas
» cessé

» cessé d'être en vigueur, pendant qu'a sub-
» sisté celle du 9 floréal. Mais le droit de suc-
» cessibilité en collatérale, a fait naître dans
» quelques esprits, des inquiétudes qu'on a
» beaucoup exagérées. On a craint de voir
» le fisc venir scruter toutes les successions,
» et se mettre en tiers dans une infinité de
» partages; on a appréhendé que cette pers-
» pective ne nuisît aux transactions sociales.

» Ces considérations ont conduit votre
» Commission à se restreindre aux *succes-*
» *sions collatérales échues*, ET A Y RENON-
» CER pour l'avenir. De cette manière,
» TOUTES LES FAMILLES QUI N'ONT PAS EU
» D'ABANDON ANTICIPÉ A FAIRE, *auront*
» *plus ou moins acheté*, COMME LES ASCEN-
» DANS D'ÉMIGRÉS, une renonciation qui
» n'a pu, à leur égard, être gratuite ».

« L'article 7, *disait le Rapporteur, au*
» *nom de la Commission du Conseil des*
» *Anciens*, est relatif aux successions col-
» latérales : il porte que la République re-
» cueillera *toutes celles qui auraient pu*
» *écheoir aux émigrés jusqu'à ce jour*,
» sauf les restrictions portées en l'article pre-
» mier, *et* QU'ELLE RENONCE, POUR L'AVE-

» NIR A TOUTES SUCCESSIONS COLLATÉRALES
» A ÉCHEOIR. »

La loi du 8 messidor an 7 n'était point équivoque : elle n'a jamais pu, en effet, être entendue autrement.

C'est ainsi qu'elle a toujours été exécutée.

C'est ainsi que le *Ministre des finances* en a lui-même transmis les dispositions *aux Administrations centrales*.

« Elle pose, dit-il, dans son instruc-
» tion, les bases du nouveau systême, et elle
» explique dans quels cas la République est
» héritière, dans quelles circonstances, et à
» dater de quelle époque elle cesse de l'être.
» La renonciation aux successions aux-
» quelles *un émigré aurait droit en ligne*
» *collatérale, n'a lieu qu'à l'égard de celles*
» *échues et à écheoir, postérieurement à*
» *la publication de la loi du* 8 *messidor.*
» Ainsi, le principe général est que celles
» antérieures appartiennent à la Républi-
» que ».

Une plus longue discussion sur un point de législation aussi certain, devient inutile.

Les héritiers de M. de Bouillon pensent donc, CITOYEN PREMIER CONSUL, que le Gouvernement ne persistera pas à élever des prétentions sur sa succession, soit *sous le rapport de l'échange de* 1651, soit sous celui *de sa représentation d'émigré* dans cette succession.

Mais, si, sous l'un ou sous l'autre de ces rapports, ces prétentions pouvaient exister, PAR QUI DEVRAIENT-ELLES ÊTRE JUGÉES?

Elles seraient une *prétention de propriété;* et une telle question ne peut être de la compétence *des corps administratifs*.

Quelle que soit la justice du Gouvernement, il serait trop effrayant qu'il pût être LUI-MÊME juge de ses droits; qu'il pût SE DÉCLARER HÉRITIER; qu'il pût SE DÉCLARER PROPRIÉTAIRE.

Ne réclamant *des droits de propriété*, que, *parce qu'il les croit fondés*, sa *prétention même* deviendrait *son jugement;* et *la loi civile* ne serait plus qu'une *illusion*.

« Cette doctrine », *disait le Ministre*

de la justice, dans un rapport, dont le Directoire a ordonné l'insertion au bulletin des lois, « est fondée sur des principes sacrés, » sur la garantie des propriétés particulières, » dont les tribunaux sont, de droit, les conservateurs ; et elle se rattache à cette idée » fondamentale de toute espèce d'institution » sociale, que les propriétés des citoyens ne » sont pas moins inviolables que celles de » la Nation : et que toutes les fois qu'il y a » litige sur le domaine, la Nation, elle-» même, se dépouille par une admirable » fiction, de sa Souveraineté, et se présente » par ses agens, vis-à-vis de tribunaux im-» passibles, devant lesquels elle discute ses » droits, et se soumet, d'avance, aux mêmes » condamnations que celles qu'un simple » particulier peut subir ».

La loi *du* 14 *ventôse*, sur les domaines *engagés ou échangés*, consacre elle-même ces principes.

Son article 27 porte que : « *si le détenteur soutient les titres du domaine inapplicables ou insuffisans; ou s'il prétend être placé dans les exceptions de la loi; ou si, de toute autre manière, il s'élève des débats* SUR LA PROPRIÉTÉ, *il y sera prononcé*, PAR LES TRIBUNAUX, *après néanmoins qu'on se sera adressé, par voie de mémoire, aux corps administratifs, conformément à la loi du* 5 *novembre* 1790.

Ces principes, ces loix, CITOYEN PREMIER CONSUL, n'existent pas seulement *pour la garantie sociale*, mais encore pour l'honneur du Gouvernement.

Ses décisions ne doivent jamais être calomniées : et comment pourraient-elles être respectées ; comment pourraient-elles laisser le sentiment de la justice, lorsqu'en dépouillant, il serait JUGE et PARTIE ? De tels actes pourraient être maintenus *par la force* : mais la force n'a pas un empire durable ; et, tôt ou tard, d'éternelles réclamations en détruisent l'effet.

Jetez les yeux sur les nombreux créanciers de M. de Bouillon et de ses pères, *dont les rentes s'élèvent à* 500,000 *livres par année*. Ils ont traité, avec sa maison, sur la foi des lois, et d'une possession de deux siècles, consacrée par tout ce qu'il y a de plus respectable parmi les hommes.

Ils ont formé des alliances, des contrats de toute nature.

Ils reposent, encore aujourd'hui, tranquillement sur les arrangemens que M. de Bouillon, *de concert avec vous-même*, a pris pour leur paiement, et sur l'inviolable fidélité de celui qui s'est engagé de les exécuter.

Tous les revenus de sa succession leur sont délégués; et, *de long tems*, ses héritiers qui, comme lui, ont fait le sacrifice de leur jouissance, *ne doivent en rien recevoir.*

Il ne resterait aucune ressource aux uns ni aux autres.

Le Gouvernement français s'est déjà, depuis la révolution, emparé *du duché de Bouillon*, et même *des biens utiles* qui en dépendent; et il en jouit, sans avoir accordé *aucune indemnité* à la maison de Bouillon.

Il menace, aujourd'hui, d'en consommer

la ruine, en *se déclarant propriétaire* de ce qui lui reste de l'échange de 1651.

Et dans cette étrange subversion de tous droits, offre-t-il du moins, de rendre les principautés qu'il reçut en contr'échange ?

Pense-t-il renoncer à la *Souveraineté* des places qui lui furent transmises par Frédéric Maurice, et aux *impositions directes* ou *indirectes* qui en font le plus beau, comme le principal produit ?

Non, il ne le veut pas ; et *à ce prix*, il ne consentirait pas à rentrer dans les propriétés qui furent abandonnées, en 1651, *à Frédéric Maurice*.

Le Gouvernement envahirait donc, à-la-fois, et les biens donnés *en échange*, et ceux qu'il reçut *en contr'échange !*

Ah! combien il est respectable; combien il fut avantageux pour la France, cet échange, que, *dans des circonstances, pourtant si différentes pour elle*, on ne voudrait pas encore détruire, aujourd'hui, à la condition de rendre les objets qui lui furent cédés en retour de ceux qu'elle donna !

CITOYEN PREMIER CONSUL, quelques heures se sont à peine écoulées depuis le moment où, parmi les grands hommes qui ont illustré la France, vous distinguâtes *Turenne*; et ses mânes tressaillent encore des honneurs que vous rendîtes à sa mémoire.

Et aujourd'hui, il s'agit de *l'expropriation* de la succession de son petit neveu !

Quelle cause funeste a, donc, tout-à-coup, changé, en circonstances si fâcheuses, pour la famille de M. de Bouillon, des circonstances, précédemment, si heureuses pour elle ?

Aurait-on voulu abuser, même, de votre amour pour le bien public, en vous disant qu'il serait *utile*, qu'il serait *avantageux*, pour le Gouvernement, de reprendre la propriété des forêts qui furent, autrefois, concédées par lui ?

Mais il lui est *utile*, mais il lui est *avantageux*, aussi, de posséder les souverainetés de *Sédan et Raucourt :* et, d'ailleurs, *l'utilité* pourrait-elle, donc, fonder un droit légitime ?

Un Monarque auquel ses contemporains, et la postérité ont accordé le titre de *Grand*; et qui, comme vous, CITOYEN PREMIER CONSUL, fut grand administrateur et grand guerrier, avait aussi pensé que le moulin de *Sans-Souci*, placé au milieu de son parc, était à sa convenance; et ses flatteurs le lui avaient répété.

Mais sa puissance fléchit devant ce mot sublime, IL Y A DES JUGES A BERLIN; et le moulin *de Sans-Souci* est devenu l'immortel monument de sa modération, et de son respect pour le droit sacré de propriété.

Et vous aussi,

CITOYEN PREMIER CONSUL, vous ferez respecter un contrat qui a, pour principale garantie, *la foi* et *la loyauté* de ceux qui gouvenent les nations.

Vous rassurerez les héritiers, et les nombreux créanciers de M. de Bouillon.

Vous continuerez, à la famille de Turenne, les sentimens de *justice* que vous devez à tous, et les sentimens de *bienveillance* que vous avez, particulièrement, promis à M. de Bouillon.

Et si, en définitif, il était possible qu'il vous restât des doutes, sur les droits du *Gouvernement*, dans la succession, vous ne permettrez pas que le *Gouvernement en soit, lui-même, l'arbitre*, et vous en renverrez la décision PARDEVANT LES TRIBUNAUX, JUGES NÉCESSAIRES EN MATIÈRE DE PROPRIÉTÉ.

ROHAN GUÉMENÉE, femme Charles de Rohan.

Berthe-Antoinette-Aglaé DE ROHAN, *et* TAILLANDIER, *son Curateur*;

COLBERT DE SEIGNELAY;

MONTMORENCY LUXEMBOURG, veuve d'Anne-Léon de Montmorency.

VAUQUELIN, pour Madame et MM. de Fernan-Nunez.

LEROI, *tuteur* d'Eugène Bourbon Busset.

Les soussignés, Conseils des héritiers bénéficiaires de M. de Bouillon, après avoir pris lecture de leur *Pétition* au Premier Consul :

Estiment, que la justice et la grandeur du Gouvernement sont le gage assuré du succès de leurs demandes.

Délibéré, à Paris, le 5 nivôse an 11.

Jolly, Ferey, Boudet.

De l'imprimerie de Testu, rue Hautefeuille, N°. 14.

www.ingramcontent.com/pod-product-compliance
Ingram Content Group UK Ltd.
Pitfield, Milton Keynes, MK11 3LW, UK
UKHW020954220726
13924UKWH00002B/697

9 782019 936891